GUIDO PFEIFER
ZUR INTELLEKTUELLEN INFRASTRUKTUR DES RECHTS
IM ALTEN ORIENT

SITZUNGSBERICHTE DER WISSENSCHAFTLICHEN GESELLSCHAFT
AN DER JOHANN WOLFGANG GOETHE-UNIVERSITÄT
FRANKFURT AM MAIN

BAND LVI, NR. 1

Wissenschaftliche Gesellschaft an der Johann Wolfgang Goethe-Universität
Frankfurt am Main

in Kommission bei
FRANZ STEINER VERLAG STUTTGART
2019

ZUR INTELLEKTUELLEN INFRASTRUKTUR DES RECHTS IM ALTEN ORIENT

VON
GUIDO PFEIFER

Wissenschaftliche Gesellschaft an der Johann Wolfgang Goethe-Universität
Frankfurt am Main

in Kommission bei
FRANZ STEINER VERLAG STUTTGART
2019

Der Beitrag „Zur intellektuellen Infrastruktur des Rechts im Alten Orient" wurde vorgetragen in der Sitzung der Wissenschaftlichen Gesellschaft am 19. Juni 2017.

Bibliografische Information der Deutschen Nationalbibliothek.
Die Deutsche Nationalbibliothek verzeichnet diese Publikation in der Deutschen Nationalbibliografie; detaillierte bibliografische Daten sind im Internet über <http://dnb.d-nb.de> abrufbar.
ISBN: 978-3-515-12435-5
© 2019 Franz Steiner Verlag Stuttgart. Druck: Bonifatius GmbH Druck – Buch – Verlag.
Printed in Germany

ZUR INTELLEKTUELLEN INFRASTRUKTUR DES RECHTS IM ALTEN ORIENT

Guido Pfeifer

I. EINLEITUNG: MESOPOTAMIEN – „AUFBRUCH" IN DIE ZIVILISATION?

Die Geschichte Mesopotamiens bezieht einen nicht unerheblichen Teil ihrer Faszination aus dem Moment des Anfänglichen[1]: Die ersten Städte, die ersten Schulen, das erste Wochenende, das erste Bier – die Liste ließe sich beliebig fortsetzen, und natürlich enthält sie auch das erste Recht. Die verbreitete Charakterisierung als „Aufbruch in die Zivilisation"[2] impliziert indes unverkennbar ein teleologisches Geschichtsverständnis, das seinen Fluchtpunkt in der Moderne, respektive in unserer eigenen Gegenwart hat. In dieser Sichtweise markiert Mesopotamien eben „nur" den bzw. einen Aufbruch, während der zivilisatorische Fortschritt mit der ihm (vermeintlich) eigenen Dynamik zum Besseren[3] das Dasein des Menschen bestimmt. Das gilt auch und gerade für das Recht als Zivilisationsfaktor in der Lesart von Henry J. S. Maines Ancient Law[4].

Raymond Westbrook (1946–2009) hat in seinem Beitrag zur Frühgeschichte des Rechts[5], der 2010 postum erschien und sich gleichsam als Vermächtnis lesen lässt, die Wirkung dieses evolutionistischen Ansatzes im zwanzigsten Jahrhundert, zumal im Bereich der Rechtsgeschichte des Alten Orients, nachgezeichnet und gefordert, ihn durch ein neues, stärker quellenorientiertes Paradigma zu ersetzen[6]. Dabei steht für Westbrook außer Frage, dass maßgebliche Wendepunkte

---

1   Abkürzungen entsprechen, soweit nicht anders angegeben, dem Verzeichnis im Reallexikon der Assyriologie und Vorderasiatischen Archäologie Bd. 14, Berlin/Boston 2014–2016, I–LIX.

2   So der Titel von DER SPIEGEL Geschichte, Ausgabe 2/2016.

3   Zuletzt populär etwa im Werk von Steven Pinker; vgl. Pinker 2018 sowie bereits Pinker 2011; zu letzterem kritisch Münkler 2011.

4   Siehe Maine 1861, 100 mit dem berühmten Entwicklungsmodell „from Status to Contract". Kritisch Westbrook 2010, 3. Einen aktuellen Gegenentwurf für das griechische Recht bietet etwa Ruch 2017; dazu Pfeifer 2017; siehe aber auch bereits Westbrook 2010, 11 f. für das Beispiel des Totschlags.

5   Westbrook 2010, 1–13.

6   Westbrook 2010, 7.

der Zivilisationsgeschichte – etwa die Erfindung der Schrift, die Urbanisierung
früher Gesellschaften oder die Entstehung der Landwirtschaft – nicht eigentlich
greifbar für uns sind, da sie kaum Spuren, schon gar keine schriftlichen, hinter-
lassen haben[7]. Gleichwohl lässt der Blick der Archäologie auf eine „Megacity"[8]
wie das sumerische Uruk zu Beginn des dritten vorchristlichen Jahrtausends
mindestens ebenso gut den Eindruck einer „Ankunft" in der Zivilisation zu. Das
Leben in den komplexen Gemeinwesen der frühen Hochkulturen Mesopotamiens setzte zwangsläufig eine entsprechende Infrastruktur voraus, nicht nur auf
der materiellen, sondern auch auf der intellektuellen Ebene. Nach ihren Voraus-
setzungen und Kontexten gilt es jenseits der hergebrachten Sehweisen zu fragen, nicht zuletzt im Hinblick auf das Recht als Ordnung dieser frühen Gesellschaften. In diesem Zusammenhang lassen sich über Westbrooks *Caveat* hinaus
weitere hergebrachte Narrative in Frage stellen, etwa das über die Ursprünge
der Wissenschaft. Hier steht Mesopotamien nämlich gerade nicht an erster Stel-
le, vielmehr schreibt die *communis opinio* die Erfindung der Wissenschaft den
Griechen zu[9]; die Rechtswissenschaft gar beginnt erst mit Rom[10]. Für Mesopotamien verbleiben insoweit lediglich Methoden und Praktiken, insbesondere im
Hinblick auf die Lösung technischer Probleme, indes ohne jegliche Theorie.
Allerdings hat dieser Standpunkt in jüngerer Zeit Widerspruch erfahren, nicht
zuletzt seitens einer sich selbst reflektierenden Altorientalistik[11].

Im Folgenden soll es zunächst um die Frage gehen, inwieweit das Recht als
solches mit Blick auf seine Funktionen einen infrastrukturellen Faktor in der
Lebenswelt des alten Mesopotamiens darstellt. Vor diesem Hintergrund kann
anschließend geprüft werden, an welche infrastrukturellen Vorbedingungen das
Recht seinerseits anknüpft, wobei seinen konkreten Erscheinungsformen zen-
trale Bedeutung zukommt. Schließlich soll untersucht werden, wie das Recht
im Gefüge der altorientalischen Wissenskultur verortet wurde und wird, nicht
zuletzt was den Grad seiner „Wissenschaftlichkeit" anbelangt.

II. RECHT ALS INFRASTRUKTUR

Die Funktionen des altorientalischen Rechts lassen sich – wie im Fall anderer
früher Rechtsordnungen auch[12] – in erster Linie in einem sozioökonomischen

---

7   Westbrook 2010, 13, sowie bereits Westbrook 2009, 3–20.
8   Crüsemann u.a. 2013 (Begleitband zur gleichnamigen Ausstellung).
9   So auch Westbrook 2010, 10, mit der Formulierung „greek intellectual revolution".
10 Siehe etwa Thür 2003, 196.
11 Zur Problematisierung dieser Perspektive siehe paradigmatisch Cancik-Kirschbaum 2010,
    13–21; ähnlich Hilgert 2009, 277 f.; zur Rolle des Rechts in diesem Zusammenhang Pfeifer
    2018, 4 sowie 17–19 und bereits Pfeifer 2011, 263–266.
12 Dazu etwa Luhmann 1972, 145–165.

Kontext beschreiben und differenzieren. Beispielhaft seien in diesem Zusammenhang die Rahmenfunktion des Rechts für wirtschaftliches Handeln sowie das Recht als Instrument der Kontingenzbewältigung in den Blick genommen: Der erste Aspekt wird schon augenfällig, wenn man allein an die Festlegungen von Maßen und Gewichten denkt, der zweite anhand ritueller Rechtshandlungen wie Eid oder Gottesurteil[13]. Akzeptiert man, dass das Recht als Gedankengebilde ohnehin nur wissenssoziologisch angemessen erfasst werden kann[14], mag man ein theoretisches Verständnis vom Recht als Infrastruktur im Sinne einer sprachlichen Hilfestellung ebenfalls hinnehmen, freilich ohne, dass diese Auffassung beim Blick auf das historische Quellenmaterial eine erkenntnisleitende Funktion übernehmen soll.

1. Ökonomische Rahmenfunktion

Aus idealtypischer Sicht stellt eine Rechtsordnung vorhersehbare Regeln auf und gewährleistet deren autoritative Durchsetzung im Konfliktfall; damit schafft sie die Rahmenbedingungen, unter denen ein Individuum beispielsweise an einem ökonomischen System teilnimmt, und bestimmt zugleich die Erwartungen des Teilnehmers. Nach Max Weber zählt das Recht daher zu den entscheidenden Faktoren eines Wirtschaftssystems[15].

Ansätze eines entsprechenden rechtlichen Rahmens finden wir in der keilschriftlichen Überlieferung Mesopotamiens des zweiten Jahrtausends v. Chr. in Texten normativen Charakters, namentlich in Rechtssammlungen und Staatsverträgen[16]: Sie bieten etwa mit Tarifen für Waren und Mieten sowie ähnlichen Standardisierungen ein, wenn auch rudimentäres rechtliches Fundament wirtschaftlicher Aktivität[17]. Autoritative Rechtsetzung, beispielsweise im Fall der so genannten Gerechtigkeitserlasse, mit denen in unregelmäßigen Abständen öffentliche und private Schulden sowie deren soziale Konsequenzen wie Schuldknechtschaftsverhältnisse aufgehoben wurden, dient allerdings in erster Linie dem religiös konnotierten politischen Programm der Verwirklichung sozialer Gerechtigkeit durch den jeweiligen Herrscher[18]. Dass eine sozioökonomische Steuerungsfunktion zumindest auch intendiert war, lässt sich in diesem Zusammenhang jedoch daran erkennen, dass Versuche, die Schuldenerlasse zu umgehen, von den Normproduzenten antizipiert und sanktioniert wurden[19].

---

13 Siehe etwa Luhmann 1972, 154.
14 So zuletzt Ernst 2015, 256.
15 Weber 1980, 195—198; im Zusammenhang mit der Ökonomie des Alten Orients dazu Pfeifer 2012, 262, sowie Pfeifer 2014, 632.
16 Zu anachronistischen Verwendung des Begriffs „Staatsvertrag" siehe Pfeifer 2013a, 13.
17 Dazu Pfeifer 2015, 12—15.
18 Pfeifer 2014, 634 f.
19 Eingehend Pfeifer 2013, 7—22.

Nicht weniger bedeutsam im Sinne einer Rahmenfunktion ist daneben die Aufzeichnung von ganz alltäglichen Rechtsgeschäften. Dies wird unmittelbar anschaulich anhand von Kaufverträgen, wie sie bereits aus der Mitte des dritten vorchristlichen Jahrtausends überliefert sind[20]: Auch wenn die Urkunden als solche keinen Rechtstitel im Sinn eines verbrieften Anspruchs generieren[21], erleichtert die Dokumentation der Transaktion sowie der regelmäßig bei ihr anwesenden Zeugen den Beweis ihrer Wirksamkeit im Fall des Konflikts und so dessen Lösung mit rechtlichen Mitteln[22].

2. Kontigenzbewältigung

Die infrastrukturelle Funktionalität des Rechts beschränkt sich indes nicht auf den ökonomischen Aspekt, sondern lässt sich im Hinblick auf seine Steuerungsfunktion verallgemeinern; jüngere soziologische Ansätze berücksichtigen zudem den Aspekt der Reduktion von Komplexität sozialer Systeme durch das Recht, wenngleich unter Erzeugung weiterer, eigener Komplexität[23]. Mit der Herausforderung der Komplexität eng verknüpft ist das Problem der Kontingenz, also die Gefahr der Enttäuschung von Erwartungen und die unausweichliche Erfahrung von Risiken[24].

Allerdings scheint das altorientalische Denken, so wie es uns in den Textzeugnissen überliefert ist, das Kontingenzproblem gar nicht zu berücksichtigen: Der Blick auf die Welt scheint vielmehr von einer strengen Kausalitätsvorstellung geprägt; den vielleicht deutlichsten Ausdruck findet diese Perspektive in der Kunst der Divination[25]. Die zahlreich erhaltenen Weissagetexte, die Omina als Zukunftsprognosen in den unterschiedlichsten Kontexten dokumentieren, weisen eine typische Struktur auf, in der ein Konditionalsatz (Protasis) mit einem Hauptsatz (Apodosis) kombiniert wird. Ein signifikantes Beispiel bietet das Leberomen YOS 10, 24, 28: *šumma bāb ekallim li-pi-iš-tam ma-li a-buul-lum in-né-en-di-il, a-lum ma-ru-uš-tam i-mar* („Wenn das „Palasttor" – *Incisura ligamentis teretis* – voll von Eiter ist; das Tor wird geschlossen werden, die Stadt wird Übles erleben")[26]. Die Gestaltung der Tierleber zeigt also ein Ereignis in der Zukunft der Stadt an; beobachtetes Phänomen und zukünftiges Geschehen sind unmittelbar und ohne Alternative miteinander verknüpft. Konsequenterweise verfügen weder das Sumerische noch das Akkadische über ein

---

20 Siehe Wilcke 2003, 76–109.
21 So Wilcke 2003, 76.
22 Zum Prozess in dieser Epoche Wilcke 2003, 45 f.
23 Siehe nur Luhmann 1972, 7 f.
24 Luhmann 1972, 31.
25 Maul 2011, 135–152.
26 Zur Syntax siehe Maul 2003–2005, 46; zum rechtlichen Kontext Pfeifer 2018, 18 mit Fn. 66.

Wort für „Zufall"[27]. Die syntaktische Struktur eignet aber genauso medizinischen diagnostischen Texten und insbesondere den bereits erwähnten Rechtssammlungen[28]. Ein prominentes Beispiel liefert § 196 der Gesetze Ḫammu-rapis von Babylon: *Šumma awīlum īn mār awīlim uḫtappid īnšu uḫappadu*[29] („Wenn ein Mensch das Auge des Sohnes eines Menschen zerstört, sein Auge werden sie zerstören"). Ähnlich wie bei den Omentexten sind Tatbestand und Rechtsfolge unmittelbar und ohne Alternative miteinander verbunden, und genauso wie diese eliminiert mithin das Recht gewissermaßen das Kontingenzproblem und ist darin etwa magischen Praktiken nicht unähnlich. „Das richtige Wort, die richtige Geste, der richtige Zauber, der Eid oder der Fluch beweisen oder bewirken das Recht unmittelbar"[30]. Besonders deutlich wird dies im prozessualen Zusammenhang mit Beweismitteln wie dem Eid oder dem Ordal bzw. Gottesurteil[31].

Abgesehen von der generalisierenden Absicherung von Erwartungen, die als Funktion des Rechts vor allem in der rechtssoziologischen Perspektive von Bedeutung ist[32], manifestiert sich der Mechanismus der Kontingenzbewältigung aber auch ganz konkret in der Rechtswirklichkeit. Ein augenfälliges Beispiel hierfür bieten „irrationale" Beweismittel wie die gerade genannten Eid und Ordal[33]: Stehen nämlich die „objektiven" Beweismittel wie Urkunden und Zeugen nicht zur Verfügung oder ermöglichen sie keine Entscheidung, kann diese mittels Schwur oder Gottesurteil unmittelbar[34] herbeigeführt werden. Sprachlich kommen dabei wiederum Konditionalgefüge zum Einsatz – im Fall des Eides in Form der bedingten Selbstverfluchung[35], beim Ordal die bereits von den Omina und den Rechtssätzen der Rechtssammlungen bekannten Protasen und Apodosen.

3. Exkurs: CBS 4579 – ein mittelbabylonischer Ordaltext

Letzteres sei anhand von CBS 4579 illustriert, einem Ordaltext, der 2015 von Susanne Paulus erstmals ediert und besprochen wurde[36].

---

27 Maul 1994, 225.
28 Ritter 2004, 177–200.
29 Ed. Roth 1997, 121.
30 Luhmann 1972, 153. Zum Formalismus so genannter „Realformen" oder „Wirkformen" Kaser 1949, 301 f.
31 Dazu eingehend Pfeifer 2019.
32 Luhmann 1972, 94–106; dort auch zum Vergeltungsprinzip der Talion als Beispiel.
33 Zum Verhältnis von Eid und Ordal siehe Paulus 2015, 207–225.
34 Insoweit treffend die soeben bei Fn. 30 zitierte Formulierung bei Luhmann 1972, 153.
35 Zur sprachlichen Struktur der sumerischen und altbabylonischen Formeln des assertorischen, also bekräftigenden Eids siehe Sallaberger 2015, 187–191; zur Ausdifferenzierung des assertorischen Eids in der spätbabylonischen Zeit Kleber 2015, 119–146.
36 Paulus 2015, 214 f., 223 mit Kopie des Keilschrifttextes, Umschrift und Übersetzung; auf die Wiedergabe des akkadischen Textes wird hier verzichtet.

Vs.: [1]Tigris, Gesamt⌐heit] [der Götter?]: [2]Eine Rechtssache, die der Šagara⌐kti]-[Šuriaš], [3]euer Statthalter, verhan[delt hat]: [4]Wenn von den 25 Scha-fen, d[ie] [Puzzuru] [5]an Aḫēdūtu zum Hüten [6]gegeben hat, Ilī-aḫa-iddina, der Hirte [7]des Aḫēdūtu, die Kadaver [8]der Mutterschafe und ihrer Lämmer [9]– seine Schafe – nicht in das Eigentum des Puzzuru [10]eintreten ließ, sondern auf seiner Seite [11]eintrug und verheimlichte, [12]dann wird der Mann des Puzzuru [gereinigt sein und], unterer Rand: [13]der Mann des Aḫēdūtu [14]wird zurück⌐kehren].

Rs.: [1]⌐We]nn er von den 25 Schafen, [die] [2]Puzurru an Aḫē⌐dūtu] [3]zum ⌐Hü]ten gegeben hat, [4]die Kadaver seiner Mutterschafe [5]in das Eigentum des Puzzuru überfüh[rt] [6]und nicht auf seiner Seite eingetra⌐gen] [7]oder verheim-licht hat, [8]dann wird der Mann ⌐des] Aḫēdūtu [9]gereinigt sein, [10]der Mann des Puzzu[ru] [11]wird zurückkehren.

Die Tafel aus Nippur erwähnt den kassitischen König Šagarakti-Šuriaš[37], und kann daher in die zweite Hälfte des dreizehnten Jahrhunderts v. Chr. datiert werden. Bei dem Text handelt es sich um ein *ṭuppi ana ḫuršān*, eine „Tafel für das Ordal"; er gehört zu einem Rechtsstreit um Kadaver von Schafen. Er beschreibt kein Gottesurteil, sondern enthält eine Instruktion, die ausgefertigt wurde, nachdem die Richter entschieden hatten, die Parteien zum Ordal zu überweisen, und die für das Personal der Ordalstätte gedacht war[38].

Das mittelbabylonische Ordal ist ein Flussordal, das an speziellen Ordalstät-ten vor den Flussgöttern durchgeführt wird[39]. Die Götter entscheiden über den Ausgang des Ordals und damit zugleich über den ihnen vorgelegten Fall[40]. In mittelbabylonischer Zeit ist die Prozedur zweiseitig, d.h. beide Parteien müssen sich der Prüfung unterziehen. Allerdings gibt es auch Beispiele dafür – zu ihnen gehört auch CBS 4579 –, dass Ersatzleute zum Einsatz kamen[41]. Die Formulie-rung „… wird zurückkehren"[42], die sich auf die Person bezieht, die nicht durch das Ordal gereinigt wurde, zeigt, dass der Tod einer Partei nicht erwartet wurde, auch wenn viele weitere Details der Prozedur unklar bleiben[43]. „Zurückkehren" bedeutet in diesem Zusammenhang „zurückkehren zum Gericht", d.h. zur letzt-lichen Entscheidung in der Sache bzw. Verurteilung[44].

Im Fall von CBS 4579 ist Gegenstand der Beweiserhebung, ob Ilī-aḫa-iddina, der Hirte des Aḫēdūtu, Schafkadaver unterschlagen hat, die dem Puz-zuru gehörten und die er dem Aḫēdūtu zum Hüten gegeben hatte. Anders als

---

37　CBS 4579 Vs. Z. 2.
38　Dazu Van Soldt 2003—2005, 127.
39　Zum Folgenden siehe Paulus 2015, 213.
40　Van Soldt 2003—2005, 125.
41　Paulus 2015, 216 f. mit weiteren Textnachweisen.
42　CBS 4579 Vs. Z. 14 und Rs. Z. 11.
43　Aus altbabylonischer Zeit sind Fälle bezeugt, in denen der „Verlierer" nicht immer überlebte, vgl. Van Soldt 2003—2005, 127 f.
44　Paulus 2015, 218.

üblich[45] existieren weder entsprechende Urkunden, noch stehen Zeugen zur Verfügung, durch die sich der jeweilige Parteivortrag beweisen ließe. Die Instruktion für das Ordal eliminiert das daraus erwachsende Kontingenzproblem, indem die Beweistatsache (Unterschlagung der Kadaver) mit dem Ausgang des Ordals (Reinigung oder Rückkehr des Ersatzmanns) verbunden wird. Wie bei den Omentexten kombiniert die verwendete syntaktische Struktur einen Konditionalsatz (Protasis) mit einem Hauptsatz (Apodosis); das Recht wird also auch hier unmittelbar „bewirkt"[46]. Unterstrichen wird dieser Befund, wenn man sich vergegenwärtigt, dass die eigentlichen Adressaten des Instruktionstexts die Götter selbst sind[47]. Die durch das Ordal erzielte Entscheidung stellt sich nicht als willkürliche Entscheidung der Götter dar, sondern als konsistentes Ergebnis des Verfahrens als solches.

III. INFRASTRUKTUR DES RECHTS

Der Blick auf die Funktionen des Rechts und die dafür herangezogenen Beispiele aus den Hochkulturen Mesopotamiens verdeutlicht den ohnehin offenkundigen Umstand, dass wesentliche Aspekte des Gedankengebildes „Recht" in seiner sprachlichen Gestaltung und schriftlichen Überlieferung zu sehen sind, die es historisch überhaupt erst für uns greifbar machen. Im Zusammenhang mit der Frage nach den intellektuellen Vorbedingungen des Rechts rückt damit das differenzierte Spektrum des rechtlichen Textmaterials ins Blickfeld, aber natürlich auch dasjenige der Institutionen und Akteure, die mit den Texten in Verbindung stehen.

1. Textuelle Phänomenologie des altorientalischen Rechts

Die gleichsam genuinen Rechtstexte wie die Rechtssammlungen oder Codizes, Staatsverträge und königliche Schuldenerlasse als normative Schriftzeugnisse sowie Vertrags- und Prozessurkunden als Zeugnisse der Rechtspraxis haben bereits Erwähnung gefunden. Hinzu treten weitere Zeugnisse anderer literarischer Gattungen wie Briefe privater oder offizieller Natur[48]. Eine literarische Gattung, die bislang unerwähnt geblieben ist, stellt gleichsam den Ursprung wie den Dreh- und Angelpunkt der literarischen Produktion Mesopotamiens dar[49]: Lexikalische Listen, insbesondere in zweisprachiger Anlage (Sumerisch-

---

45 Vgl. CBS 4579 Vs. Z. 10, Rs. Z. 6.
46 Siehe Fn. 30.
47 CBS 4579 Vs. Z. 1.
48 Zum Spektrum keilschriftlich überlieferter Rechtsquellen Westbrook 2003, 4–12.
49 Maul 2018, IX.

Akkadisch), lieferten nicht nur das wesentliche Sprachkorpus, sondern zugleich das gedankliche Muster jeglicher Wissensverarbeitung[50]. Auch im rechtlichen Kontext kommt ihnen im Hinblick auf die anderen genannten Textgattungen fundamentale Bedeutung zu.

a) Lexikalische Listen

Lexikalische Listen rechtlichen Inhalts lassen sich als Zusammenstellung technischer Termini bzw. von ganzen Textbausteinen in sumerischer bzw. akkadischer Sprache verstehen, die Gegenstand der Ausbildung in den Schreiberschulen waren[51], und so die textuelle Basis der weiteren literarischen Gattungen lieferten. Die technischen Termini und die Textmodule kehren in den Texten der Rechtspraxis wieder, namentlich in Verträgen und Prozessdokumenten. Sie sind das Produkt gelehrter Schreiber auf der Basis der lexikalischen Listen. Eine wichtige Zwischenstufe stellen so genannte *model contracts* dar, die gleichermaßen zum intellektuellen Instrumentarium der Schreiber zählten[52]. Die Terminologie findet sich natürlich desgleichen in den Rechtssammlungen und anderen normativen Texten, allerdings trifft dies nicht auf alle Materien gleichermaßen zu. Dieser Umstand sei im Folgenden anhand der Rechtsinstitute des Darlehens und der Bürgschaft exemplifiziert.

b) Beispiel 1: Darlehen

Die grundlegende Terminologie des verzinslichen Darlehens findet sich etwa in der Serie *ana ittišu*. Dieses Werk ist in Nippur in altbabylonischer Zeit, also zu Beginn des zweiten vorchristlichen Jahrtausends entstanden und damit zu einer Zeit, in der das Sumerische als Alltagssprache bereits nicht mehr verwendet wurde, aber im kultischen und administrativen Gebrauch in Babylonien und Assyrien fortlebte[53]. Überliefert ist die Liste allerdings lediglich als Abschrift im Umfang von sieben Tafeln in der berühmten Bibliothek des neuassyrischen Königs Assurbanipal[54].

---

50 Cancik-Kirschbaum 2010, 29–32.
51 Cancik-Kirschbaum 2010, 30 mit weiterer Literatur in Fn. 43.
52 Überblick über den Forschungsstand bei Bodine 2014, 5 f. und ebenda, 7 f. zum Curriculum der Schreiberausbildung mit zahlreichen Literaturnachweisen in Fn. 28; siehe auch die jüngste Edition sumerischer *model contracts* aus der Jenaer Hilprecht-Sammlung bei Spada 2018 und Spadas Projekt zur Erfassung aller bekannter altbabylonischen *model contracts* unter http://oracc.museum.upenn.edu/obmc/index.html (9.4.2019).
53 Dazu siehe Landsberger 1926, 369.
54 Cavigneaux 1980–1983, 631; Maul 2018, X.

Serie *ana ittišu* Tf. 2, Kol. I, 1–58[55]

1	[máš]	[ṣi-ib-tú]	Zins
2	[máš.bi]	[ṣi-bat-su]	sein Zins
3	[máš.bi.šè]	[a-na ṣi-ib-ti-šu]	als seinen Zins
	[...]		
16	[máš] ᵈ[Uta]	[ṣi-bat Ša-maš]	Zins des Šamaš
17	[máš] ᵈU[ta gi.na]	[ṣi-bat Ša-maš ki-it-tu]	richtiger Zins des Šamaš
18	[máš.gi.na]	[ṣi-bat kí-tt-tu]	richtiger Zins
	[...]		
38	máš.uru	ṣi-bat a-li	ortsüblicher Zins
	1 PI še.ta.àm	1 PI-ta-àm	je 1 PI Gerste (pro Gur)
39	máš.uru 1 (PI)	ṣi-bat a-li 1 (PI)	ortsüblicher Zins je 1 PI
	4 bán še.ta.àm	4 (sūtu)-ta-àm	4 sūtu Gerste (pro Gur)
40	máš.kù.bi	ṣi-bat kás-pi	Silberzinsen
41	máš 1 gín igi.5.gál še.ta.	ṣi-bat 1 šiqil IGI-5(!)-GÁL-	Zins von 1 Sekel je 1/5 (!)
	àm	ta-àm	Sekel
42	máš 10 gín	ṣi-bat 10 šiqil	Zins von 10 Sekel
	2 gín.ta.àm	2 šiqil-ta-àm	je 2 Šekel
43	máš 1 ma.na	ṣi-bat 1 ma-na	Zins von 1 Mine
	12 gín.ta.àm	12 šiqil-ta-àm	je 12 Sekel
44	gá.gá.dam	iš-ša-ka-an	(Zins) wird gegeben werden
45	taḫ.ḫe.dam	ia-ṣa-ab	(Zins) wird hinzugefügt werden
46	bí.in. taḫ	uṣ-ṣi-ib	er hat hinzugefügt
47	ab.ba.taḫ	ú-rad-di	er fügt hinzu
	[...]		
57	ḪAR.ra	ḫu-bu-u[l]-lu	verzinsliche Schuld
58	ḪAR.ra.tuk	ḫu-bu-u[l]-lu	verzinsliche Schuld

Am Beginn des hier wiedergegebenen Abschnitts der ersten Kolumne der zweiten Tafel steht gewissermaßen als Leitfossil das sumerische Wort máš für „Zins"[56] mit seiner akkadischen Entsprechung *ṣibtu*. Ihm folgen nominale und verbale Paradigmen, z.B. in Z. 38–43 für die Zinssätze 33 1/3 % bei Gerste und 20 % für Silber als Darlehensvaluta[57] und in Z. 44–47 für das Geben bzw. Hinzufügen des Zinses sowie in Z. 57 f. die Bezeichnung des verzinslichen Darlehens selbst mit sumerisch ḪAR.ra (alte Lesung für ur₅.ra) bzw. akkadisch *ḫubullu*.

Ein Beispiel für die Anwendung der Terminologie in der vertraglichen Praxis bietet die Urkunde eines gemischten Darlehens über Gerste und Silber aus der Zeit Sin-muballits, des Vaters von Ḫammu-rapi:

---

55 Ed. Landsberger 1937, 16–19 mit textkritischem Apparat ebenda; die Lesungen und Übersetzungen Landsbergers sind hier unverändert wiedergegeben.

56 Das weitere Bedeutungsspektrum wird umrissen durch „Ertrag von Hausvieh und von Geld", vgl. Delitzsch 1914, 183.

57 Zu den Zinssätzen siehe Pfeifer 2014, 632.

CT 48, 71 (Sin-muballiṭ 9, um 1800 v. Chr.)[58]

Vs.1	4 gur še ur$_5$.ra	4 Gur Gerste des Zinses.
2	máš 1 gur 1 (pi) 4 bán ú-ṣa-ab	Als Zins wird es (pro) 1 Gur 1 Pān, 4 Sūtu (= 33,3 %) hinzufügen.
3	1 1/3 gín kù.babbar	1 1/3 Schekel Silber,
4	máš ^{d}utu ú-ṣa-ab	den Zins des Šamaš (= 20 %) wird es hinzufügen.
5	ki ninti-^{d}a.a lukur-dutu	Von Bēlti-Aja, der *nadītu* des Šamaš,
6	dumu^{mí} ^{d}utu-*i-na-ma-tim*	der Tochter des Šamaš-ina-matim,
7	^{1}ìr-^{d}nin.šubur	hat (es) Warad-Ninšubur,
8	dumu *sin-ub-lam*	Sohn des Sin-ublam,
9	šu ba.an.ti	empfangen.
10	u$_4$ buru$_{15}$.še	Zum Tag der Ernte,
u.Rd.11	*i-na ša-an-du-tim*	beim Eintreiben,
12	še *ù* máš.bi	die Gerste und ihren Zins
Rs.13	ì.ág.e	wird er darmessen.
14	kù.babbar *ù* máš.bi	Das Silber und seinen Zins
15	ì.lá.e	wird er darwägen.
16	*Namen von*	*vier Zeugen*
o.Rd.23		
24	mu ús.sa i$_7$-^{d}a.a-ḫé.gál	Jahr „Folgejahr 'den Aja-Kanal, er ist Überfluss, (hat er gebaut)'".
l.Rd.25	*wa-ar-ki šar-rum di-pa-ar* guškin	Nachdem der König die Fackel aus Gold
26	*iš-šu-ú*	erhoben hatte.

Hier lassen sich in Z. 1–4 unschwer der Terminus ur$_5$.ra für das Rechtsgeschäft, das Leitfossil máš für den Zins sowie die Standardzinssätze für Gerste und Silber identifizieren, wie sie bereits die Serie *ana ittišu* zeigt[59]. Zugleich führt der Text das Fortleben des Sumerischen in der Gestalt eines fachspezifischen Lehnwortschatzes vor Augen.

Die Standardzinssätze finden sich in den Gesetzen Ḫammu-rapis wieder, etwa in § t: *Šumma tamkārum še'am u kaspam ana ḫubullim iddin ana 1 kurrum 1 pān 4 sūt še'am ṣibtam ileqqe šumma kaspam ana ḫubullim iddin ana 1 šiqil kaspim IGI.6.GÁL u 6 uṭṭet ṣibtam ileqqe*[60] („Wenn ein Gläubiger Gerste und Silber als verzinsliches Darlehen gibt, wird er pro 1 Kur 1 Pan 4 Sutu [= 33 1/3 %] Gerste als Zins nehmen; wenn er Silber als verzinsliches Darlehen gibt, wird er auf einen Schekel Silber 36 Gran als Zins nehmen")[61].

---

58 Pfeifer 2013, 9, dort auch zum gesamten Inhalt und Kontext der Urkunde.
59 Zum Zusammenhang zwischen Listen- und Urkundenterminologie siehe auch Pfeifer 2018, 8 f.
60 Ed. Roth 1997, 97.
61 Zu inhaltlichen Fragen siehe Pfeifer 2012, 263 f. sowie Pfeifer 2018, 9–11, jeweils im Anschluss an die abweichende Edition und kritische Erörterung von §§ t und u CH durch Veenhof 2010.

c) Beispiel 2: Bürgschaft

Die technischen Begriffe im Kontext des Rechtsinstituts der Bürgschaft sind – neben der Überlieferung durch Tafel 3 der Serie *ana ittišu* – in der lexikalischen Liste ur_5.ra = *ḫubullu* erhalten, deren erste beiden Tafeln ebenfalls rechtliche Lexik enthalten[62]. Wie schon im Fall des Darlehens begegnen uns auch hier ein Leitfossil und dessen Variation in Nominal- und Verbalparadigmen:

Serie ur_5-ra = *ḫubullu* Tf. 2, Kol. 1, 8–12[63]

8	[šu]	⌈qa⌉-a-tum	Hand
9	[šu. du$_8$.a]	⌈qa⌉-a-tum	Bürge, Garant
10	[[šu. du$_8$.a.ni]]	⌈qa⌉-as-su	sein Bürge
11	[[šu. du$_8$.e.ne.ne]]	[qa]-⌈ta⌉-tu-šu-nu	ihr (Pl.) Bürge
12	[[šu. du$_8$.e.ne.ne šu.ba.ab.ti]]	[qa-ta]-⌈ti⌉-šu₂ il-qi₂	er (ver)bürgte (sich)

Der sumerische Begriff šu.du$_8$.a und seine akkadische Entsprechung *qātum* bzw. *qātātum* für den Bürgen verfügen trotz ihrer offenkundigen Verwandtschaft mit einer gegenständlichen Bedeutung („Hand, Hände") in ihrer überlieferten Form über eine eigenständige Semantik; für eine Rechtssymbolik im eigentlichen Sinn ist vor diesem Hintergrund kein Raum[64].

Der Gebrauch dieser Terminologie in der Praxis lässt sich anhand folgender Urkunde aus etwa derselben Zeit wie das oben vorgestellte Darlehen ersehen:

YOS 14, 158 (Sin-muballiṭ 8)[65]

1	ᴵNi-id-na-a[t]-ᵈSîn	Nidnat-Sîn
2	ù A-ḫa-am-nu-ta	und Aḫam-nūta haben
3	10 gín kù-babbar ki Ì-lí-ma-a-bi	10 Šekel Silber von Ilima-abi
4	šu ba-an-ti	empfangen.
5	ᴵᵈSîn-qar-ra-ad ki Ì-lí-ma-a-bi	Sîn-qarrad hat von Ilima-abi
6	qá-ta-ti-šu-nu il₅-qé-e-ma	ihre Hände genommen; aber
7	in-na-bi-tu-ú-ma	sie sind entflohen. Aber (dann)
8	Ì-lí-ma-a-bi	hat Ilima-abi
9	ᴵᵈSîn-qar-ra-ad iṣ-ba-at-ma	den Sîn-qarrad ergriffen, und
10	ᴵᵈSîn-qar-ra-ad wa-ar-ki-šu-nu	Sîn-qarrad hat nach ihnen

---

62 Cavigneaux 1980–1983, 626 f.

63 CT 19, pl. 02, K 09961; CT 19, pl. 04 (K 11377); RA 14, 12 (Rm 0485); RA 14, 11 (Rm 0609), ed. J. Peterson, http://oracc.museum.upenn.edu/dcclt) (9.4.2019). Für die Ergänzungen des sumerischen Texts siehe Landsberger 1957–1958, 58.

64 Dazu Pfeifer 2017a, 91 f. im Anschluss an Malul 1988, 219 f.; ebenda auch zum weiteren terminologischen Spektrum insbesondere der jüngeren Epochen der keilschriftlichen Überlieferung.

65 Umschrift und Übersetzung bei Ries 1981, 74 f.

11	15 gín kù-babbar *ša* mu min.min	15 Šekel Silber des Jahres (?) …
12	*a-na Ì-lí-ma-a-bi*	dem Ilima-abi
13	in.na.an.lá	dargewogen.
14	*li-ib-ba-šu ṭà-am-ma*	Er ist befriedigt, und
Rs. 15	[*šu*]*m-m*[*a*] *Ni-id-na-at-Sîn* *ù A-ḫ*[*a-a*]*m-*nu-*ta* (UD)	wenn den Nidnat-Sîn und den Aḫam-nuta
16	*Ì-lí-ma-a-bi i'-ma-ru-šu-nu-ti*	der Ilima-abi erblicken sollte,
17	*ú-ul i-ge-ri- šu-nu-ti*	wird er nicht gegen sie prozessieren.
18	*l.dSîn-qar-ra-ad*	Sîn-qarrad
19	*i-na* uru*ki š*[*a*] *i-ma-ra-šu-nu-ti*	wird in der Stadt, in der er sie erblickt,
20	ki *ša-al-mi-im* kù-babbar *i-le-eq-qé*	von dem, der solvent ist, das Silber nehmen.
21-31	*8 Zeugen*	*und Datum*

Die Bürgschaftsterminologie der lexikalischen Liste findet sich hier in Z. 5–6 wieder[66]. Der Text ist weder Vertrag noch Prozessdokument im eigentlichen Sinne, sondern dokumentiert die Befriedigung des Darlehensgläubigers Ilima-abi durch den Bürgen Sîn-qarrad (Z. 10–14) sowie die Möglichkeit des Bürgen, bei den flüchtigen Hauptschuldnern Nidnat-Sîn und Aḫam-nuta Regress zu nehmen (Z. 18–20)[67]. Eine derartige Ausgestaltung der Bürgschaft, ebenso wie ihre Fassung in unterschiedlichen Formen wie Gestellungs- oder Fußbürgschaft[68], deuten auf eine nicht unerhebliche gedankliche Durchdringung als Rechtsinstitut hin, auch wenn eine dem römischen bzw. modernen Bürgschaftsinstitut vergleichbare ausdifferenzierte Dogmatik, etwa im Hinblick auf das Prinzip der Akzessorietät, also der Abhängigkeit der Bürgenschuld von der Hauptschuld, in der keilschriftlichen Überlieferung nicht zu beobachten ist.

Auffällig ist schließlich, dass – anders als im Zusammenhang mit dem Darlehen – keine der überlieferten Rechtssammlungen die Bürgschaft auch nur ansatzweise berücksichtigt[69].

2. Institutionen und Akteure

Hinter dem überlieferten Textmaterial steht ein breites Spektrum an Institutionen und Akteuren, etwa in der Gestalt verschiedener Richtergremien[70] sowie von Schreibern und ihrer Ausbildung in eigenen Schulen[71]. Allerdings bieten

---

66 Nach dem soeben Gesagten erscheint statt der bei Ries 1981, 74 f. für Z. 5–6 gewählten wörtlichen Übersetzung auch folgende Wiedergabe vertretbar: „Sîn-qarrad hat sich gegenüber Ilima-abi verbürgt".
67 Dazu ausführlich Ries 1981, 73–86.
68 Siehe dazu Pfeifer 2017a, 92 f.
69 Vgl. Neumann 2005, 190.
70 Überblick bei Pfeifer 2010.
71 Neumann 2011, 166 f.

uns die Texte jeweils nur das Ergebnis, nicht die Details der dorthin führenden Prozeduren; diese müssen gewissermaßen im Verborgenen gesucht bzw. zwischen den Zeilen rekonstruiert werden[72]. Das gleiche gilt vom personellen Tableau, das sich auf die Namen von Vertrags- sowie Prozessparteien, Zeugen und Richtern bzw. anderen rechtsprechenden Personen beschränkt[73].

Der Grund dafür ist – jedenfalls für den Bereich der Zeugnisse der Rechtspraxis – darin zu sehen, dass der Hauptzweck dieser Texte in der Dokumentation von Transaktionen zu Beweiszwecken für den Fall des Rechtsstreits liegt. Rechtlich gesehen handelt es sich gewissermaßen um „Normalfälle". Im Gegensatz dazu bezeugen Prozessdokumente problematische Fallkonstellationen, allerdings ohne sie mit einer rechtlichen Argumentation oder Begründung zu versehen. Bei ihrer Aufzeichnung kam es allein auf das Ergebnis der Entscheidung des jeweiligen Rechtsstreits an, dessen Dokumentation wiederum als Beweis für weitere potentielle Konflikte vorgehalten wurde[74].

Das Arrangement der lexikalischen Listen ist zum Teil, aber nicht vollständig nachvollziehbar: Vermeintlich scheinen einzelne Prinzipien erkennbar, etwa die Folge von Akronymen, aber dies bleibt ohne zwingende Konsequenz[75]. Vielmehr ist bereits die Entwicklung der Semantik der Zeichen für uns nicht eigentlich rekonstruierbar, wie das Beispiel der Bürgschaft deutlich vor Augen führt[76].

Die Rechtssammlungen stehen wie die lexikalischen Listen vor dem Hintergrund der Schreiberschulen[77] und scheinen anhand ihrer kasuistischen Gestaltung der Rechtssätze die Rechtspraxis in Form von Fällen ebenso zu reflektieren wie ungeschriebene Rechtsgewohnheiten; in letzterem deutet sich eine weitere, eigene Dimension einer oralen Tradition an, auf die indes ein eigentlicher Zugriff verwehrt bleibt[78]. Zudem finden wir auch in den Rechtssätzen der Rechtssammlungen keine Argumentationsstrukturen und so gut wie keine Begründungen der Entscheidungen, sondern lediglich die bereits erörterten Kausalzusammenhänge in Form von Protasis und Apodosis bzw. Tatbestand und Rechtsfolgen. Immerhin lassen sich einige wenige systematische Strukturen identifizieren, wie Herbert Petschow gezeigt hat: etwa die Unterscheidung zwischen Vertrag und Delikt oder das Prinzip von Fall und Gegenfall. Dies hat Petschow zur Diagnose geführt, dass zumindest eine gewisse rechtlich-theoretische Reflexion und

---

72 Grundlegend zum prozeduralen Charakter der Wissensverarbeitung in Mesopotamien siehe Ritter 2004, 177–200.
73 Prosopographische Untersuchungen für die ältere Zeit Mesopotamiens, wie etwa die (noch unveröffentlichte) Untersuchung Zsombor Földis zum Prozesswesen in Larsa, sind nach wie vor die Ausnahme, während für die jüngeren Epochen die Archivkontexte insoweit ergiebiger sind.
74 Siehe Pfeifer 2018, 9.
75 Vgl. etwa die Z. 44–56 und Z. 57 f. der Serie *ana ittišu*, oben bei Fn. 54. Allgemein zu dieser Problematik Cancik-Kirschbaum 2010, 29–32.
76 Vgl. oben bei Fn. 64.
77 Neumann 2011, 166 f.
78 Dazu Pfeifer 2012a, 127–132.

eine rechtlich-dogmatische Gedankenführung als Hintergrund der Rechtssammlungen angenommen werden können[79]. Dass diese intellektuelle Leistung indes nicht ausschließlich auf den redaktionellen Kontext der Rechtssammlungen beschränkt war, indiziert das Beispiel der Bürgschaft, die als Rechtsinstitut allein in den lexikalischen Listen und den Zeugnissen der Rechtspraxis, aber gerade nicht in den Rechtssammlungen belegt ist.

3. Theoriedefizit des altorientalischen Rechts?

Zusammenfassend lässt sich festhalten, dass die äußere Kohärenz der verschiedenen rechtlichen Textgattungen anhand der technischen Terminologie und der textuellen Module manifest ist[80]. Demgegenüber scheint es nicht möglich, die Frage nach der inneren Kohärenz ohne spekulative Überlegungen und über bloße Andeutungen hinaus zu beantworten.

Reicht dies aber schon aus, um ein pauschales Theoriedefizit des altorientlischen Rechts zu konstatieren? Immerhin lässt sich eine geringe Zahl von Schultexten als Problemliteratur charakterisieren, die auch auf Argumentationstechniken bei der Entscheidung von Rechtsfällen hindeutet[81]. Die offizielle Korrespondenz Samsu-ilunas, des Sohnes von Ḫammu-rapi, dokumentiert einen Vorgang, anhand dessen sich die Ableitung einer abstrakten Regel aus einem konkreten Fall durch den König bzw. seine „Kanzlei" nachvollziehen lässt[82]. Und möglicherweise hatte ein so gewonnenes Case-Law sogar Vorbildcharakter für andere Wissensdisziplinen[83]. Bleibt es gleichwohl beim hergebrachten Befund: Mesopotamien schrieb lediglich die Vor-Geschichte[84]?

---

79 Petschow 1965, 172.
80 Freilich reicht der Zusammenhang weiter als hier lediglich angedeutet werden kann und umfasst neben aufgeführten Beispielen insbesondere auch Textsorten wie Briefe usw., vgl. auch oben bei Fn. 48.
81 Eingehend Neumann 2004, 71–92.
82 Charpin 2010, 73 f.
83 So jedenfalls die These, die unlängst Cale Johnson vom Berliner BabMed-Projekt aufgestellt hat: Er sieht in den abstrakten Fallkompilationen der Rechtssammlungen ein Vorbild für medizinische Texte in Form von Krankengeschichten, die in anonymisierter Form überliefert sind. Insofern könnte die Disziplin „Recht" als Referenz für andere Fachrichtungen angesehen werden; vgl. Johnson 2015, 295–300. Allerdings lässt sich in diesem Zusammenhang praktisch keine chronologische Evidenz für eine Vorbildfunktion anhand der Quellen nachweisen. Demgegenüber kann die gegenseitige Einflussnahme unterschiedlicher Disziplinen im Rahmen der Curricula der Schreiberschulen eine gewisse Plausibilität für sich in Anspruch nehmen; vgl. a. Pfeifer 2018, 18 f.
84 Vgl. Cancik-Kirschbaum 2009, 49.

IV. RECHT IM GEFÜGE ALTORIENTALISCHER WISSENSKULTUR

Die genannte Sichtweise scheint in nicht geringem Maße beeinflusst durch spezifische wissenschaftliche Perspektiven auf die intellektuelle Welt des Alten Orients[85], die sich indes ihrerseits erst in ihrem wissenschaftsgeschichtlichen Kontext erschließen. Das Recht spielt dabei allerdings – jedenfalls bisher – eine eher marginale Rolle[86].

1. Eigenbegrifflichkeit und „Listenwissenschaft"

Benno Landsberger hat in seiner viel zitierten, 1926 veröffentlichten Leipziger Antrittsvorlesung das Problem der Erfassbarkeit sumerischen und babylonischen Denkens entwickelt und dafür das Schlagwort von der „Eigenbegrifflichkeit der babylonischen Welt" geprägt. Er zielte damit auf nichts weniger als darauf, die Semantik der – offenkundig differenzierten und spezialisierten – sumerischen und babylonischen Terminologie aus sich selbst heraus zu verstehen[87]. Dieser Ansatz wird als hermeneutisches Problem bis heute immer wieder bemüht, wirkliche methodische Konsequenzen hat er allerdings kaum gezeitigt[88]. Landsbergers Schüler Wolfram von Soden entwickelte zehn Jahre später, also 1936, auf dieser Grundlage und in Anlehnung an die litcrarische Gattung der lexikalischen Listen die Vorstellung von einer sumerischen „Listenwissenschaft", deren Entstehung er mit einem sumerischen Ordnungsdenken und Ordnungswillen erklärte[89]. Infolge der offenkundig rassistischen Abgrenzung gegenüber den semitischen Babyloniern, welche dieses Muster lediglich unzureichend imitiert hätten, wird von Sodens Ansatz heute in der Altorientalistik zwar als problematisch erachtet, terminologisch ist er gleichwohl noch präsent[90].

2. Neuere wissenssoziologische Erklärungsansätze

Nachdem sich die Altorientalistik in der zweiten Hälfte des zwanzigsten Jahrhunderts wenig mit diesen methodologischen Fragestellungen und mehr mit der Erschließung des ungeheuren Umfangs des überlieferten Textmaterials beschäf-

---

85 So auch Cancik-Kirschbaum 2009, 50.
86 Siehe oben bei Fn. 11. Zur Wissenschaftsgeschichte der von juristischer Seite betriebenen altorientalischen Rechtsgeschichte siehe Pfeifer 2018, 4 f. mit weiterer Literatur.
87 Landsberger 1926, 355–372.
88 Sallaberger 2007, 63–82.
89 Von Soden 1936, 413, 419 u.a. Bezugnahmen auf die Idee eines „konkreten Ordnungsdenkens" im Sinne Carl Schmitts, die angesichts der Entstehungszeit des Beitrags durchaus erwartbar wären, finden sich bei von Soden nicht.
90 Vgl. Hilgert 2009, 279–282 sowie Cancik-Kirschbaum 2010, 30.

tigt hat[91], wenden sich wissenssoziologische Erklärungsansätze jüngeren und jüngsten Datums wieder verstärkt dessen epistemischen Strukturen zu. Sie sind dabei häufig auch getragen von einer emanzipatorischen Tendenz, welche die Wissenschaftsgeschichte vom klassischen, d.h. vom griechisch-römischen Paradigma zu befreien sucht[92]. Allerdings weisen die dabei angebotenen Modelle ein sehr disparates Spektrum auf: So hat etwa Dietz Otto Edzard versucht, die lexikalischen Listen als Kunstwerke zu erklären[93]. Jim Ritter vertritt ein Modell der *rational practice*, das textuelle Prozeduren in mathematischen Aufgabentexten und in den Rechtssätzen der Rechtssammlungen identifiziert, die im Sinne einer Datenverarbeitung den Algorithmen nahekommen, die die Grundlage moderner Computerprogrammierung bilden[94]. Markus Hilgert adaptiert das im Poststrukturalismus beliebte Muster des Rhizoms für die lexikalischen Listen[95]. Alle diese Modelle erscheinen allerdings entweder anachronistisch oder aber im Hinlick auf ihren Erklärungswert zumindest limitiert. Hilfreich erscheint demgegenüber ein Konzept, das Claus Wilcke mit der Formulierung „Das geistige Erfassen der Welt" umschrieben hat[96]: Hier stehen die lexikalischen Listen exemplarisch für den Versuch, die Welt zu „inventarisieren" und so verfügbar zu machen. Recht und Rechtsordnung, in denen Wilcke gar die Grundlage jedweden sozialen Diskurses sieht[97], fügen sich in eine derartige intellektuelle Infrastruktur Mesopotamiens jedenfalls unproblematisch ein[98]. Das gilt auch für das Recht als eine normative Ordnung unter mehreren in der Welt des Alten Orients[99].

V. SCHLUSS: PHILOSOPHIE VS. GESCHICHTE

Der Blick auf die intellektuelle Infrastruktur des Rechts im Alten Orient zeigt damit vor allem, dass diese Infrastruktur keine exklusive ist. Das Recht erweist sich vielmehr als eingebettet und vernetzt in der Wissenskultur Mesopotamiens, die nachhaltig durch die Erfindung der Schrift und ihre Institutionalisierung geprägt ist[100].

Projiziert man das Erkenntnisinteresse auf Gründe, die diesem Setting vorgelagert, mithin gewissermaßen prä-historisch sind, stößt man schnell an die milchgläserne Decke der Vorschriftlichkeit. Raymond Westbrook hat insoweit

---

91 Sallaberger 2007, 78.
92 Beispielhaft Cancik-Kirschbaum 2009, 48–56.
93 Edzard 2007, 17–26.
94 Ritter 2004, 177–200.
95 Hilgert 2009, 277–309.
96 So der Titel des 2007 erschienenen, von ihm herausgegeben Bandes.
97 Wilcke 2007, 209–244.
98 Zum Vorhergehenden auch Pfeifer 2018, 17 f.
99 Eingehend Pfeifer 2018, 1–20.
100 Cancik-Kirschbaum 2009, 52 f.

die Abhängigkeit rechtshistorischer Forschung von der Wahl des Standpunkts betont: Je nachdem, ob wir mehr zur Philosophie oder zur (reinen) Geschichtswissenschaft neigen, ist es uns erlaubt oder sind wir gezwungen zu spekulieren[101]. Die eigentliche hermeneutische Herausforderung beginnt indes bereits bei der adäquaten Beschreibung der uns überlieferten Schriftzeugnisse. Wir haben gute Gründe dafür anzunehmen, dass es in den Hochkulturen Mesopotamiens ein Rechtsdenken gegeben hat, mag es nun mehr oder weniger theoriegestützt gewesen sein. Insoweit unser wissenschaftliches Instrumentarium noch nicht fein genug ist, um dieses Rechtsdenken klar zu erfassen, gilt es daran zu arbeiten.

---

101 Westbrook 2010, 13.

BIBLIOGRAPHIE

Bodine 2014: W. R. Bodine, How Mesopotamian Scribes Learned to Write Legal Documents, A Study of the Sumerian Model Contracts in the Babylonian Collection at Yale University, New York

Cancik-Kirschbaum 2009: E. Cancik-Kirschbaum, Wege in die Wissensgesellschaft – Der Alte Orient, in: M. Fansa (Hg.): Ex oriente lux? Wege zur neuzeitlichen Wissenschaft, Mainz, 48–56

Cancik-Kirschbaum 2010: E. Cancik-Kirschbaum, Gegenstand und Methode: Sprachliche Erkenntnistechniken in der keilschriftlichen Überlieferung Mesopotamiens, in: A. Imhausen/T. Pommerening (Hg.), Writings of Early Scholars in the Ancient Near East, Egypt, Rome and Greece, Berlin/New York, 13–45

Cavigneaux 1980–1983: A. Cavigneaux, Art. „Lexikalische Listen", in: Reallexikon der Assyriologie und Vorderasiatischen Archäologie Bd. 6, Berlin/New York, 609–641

Charpin 2010: D. Charpin, Writing, Law and Kingship in Old Babylonian Mesopotamia, Chicago

Crüsemann u.a. 2013: N. Crüsemann/M. van Ess/M. Hilgert/B. Salje (Hg.), Uruk. 5000 Jahre Megacity, 2. Aufl., Berlin

Delitzsch 1914: F. Delitzsch, Sumerisches Glossar, Leipzig

Edzard 2007: D. O. Edzard, Die altmesopotamischen lexikalischen Listen – verkannte Kunstwerke?, in: C. Wilcke (Hg.), Das geistige Erfassen der Welt im Alten Orient. Sprache, Religion Kultur und Gesellschaft, Wiesbaden, 7–26

Ernst 2015: W. Ernst, Zur Epistemologie rechtsgeschichtlicher Forschung, in: Rechtsgeschichte 23, 256–259

Hilgert 2009: M. Hilgert, Von ‚Listenwissenschaft' und ‚epistemischen Dingen'. Konzeptuelle Annäherungen an altorientalische Wissenspraktiken, in: Zeitschrift für allgemeine Wissenschaftstheorie 40, 277–309

Johnson 2015: J. C. Johnson, Depersonalized Case Histories in the Babylonian Therapeutic Compendia, in: ders. (Hg.), In the Wake of the Compendia. Infrastructural Contexts and the Licensing of Empiricism in Ancient and Medieval Mesopotamia (= Science, Technology and Medicine in Ancient Cultures Vol. 3), Boston/Berlin, 289–315

Kaser 1949: M. Kaser, Das altrömische ius: Studien zur Rechtsvorstellung und Rechtsgeschichte der Römer, Göttingen

Kleber 2015: K. Kleber, Des Frommen Zuflucht, des Übeltäters Verderben. Der assertorische Eid im Gerichtsprozess der spätbabylonischen Zeit, in: H. Barta/M. Lang/R. Rollinger (Hg.), Prozessrecht und Eid, Recht und Rechtsfindung in antiken Kulturen, Teil 1, Wiesbaden, 119–152

Landsberger 1926: B. Landsberger, Die Eigenbegrifflichkeit der babylonischen Welt, in: Islamica 2, 355–372 (Nachdruck Darmstadt 1965)

Landsberger 1937: B. Landsberger, Die Serie ana ittišu (Materialien zum Sumerischen Lexikon Bd. 1), Rom

Landsberger 1957–1958: B. Landsberger, The Series ḪAR-ra = ḫubullu, Tablets I–IV/V–VII (Materialien zum Sumerischen Lexikon Bd. 5–6), Rom

Luhmann 1972: N. Luhmann, Rechtssoziologie, 2 Bde., Hamburg (4. Aufl. Wiesbaden 2008)

Maine 1861: H. J. S. Maine, Ancient law: its connection with the early history of society and its relation to modern ideas, London (Nachdruck London 1960)

Malul 1988: M. Malul, Studies in Mesopotamian Legal Symbolism (AOAT 221), Neukirchen-Vluyn

Maul 1994: S. M. Maul, Zukunftsbewältigung. Eine Untersuchung altorientalischen Denkens anhand der babylonisch-assyrischen Löserituale (Namburbi), Mainz

Maul 2003–2005: S. M. Maul, Art. „Omina und Orakel. A. In Mesopotamien", in: Reallexikon der Assyriologie und Vorderasiatischen Archäologie Bd. 10, Berlin/New York, 45–88

Maul 2011: S. M. Maul, Die Wissenschaft von der Zukunft. Überlegungen zur Bedeutung der Divination im Alten Orient, in: E. Cancik-Kirschbaum/M. van Ess/J. Marzahn (Hg.), Babylon. Wissenskultur in Orient und Okzident, Berlin/Boston, 135–152

Maul 2018: S. M. Maul, Vorwort des Herausgebers, in: F. Weiershäuser/I. Hrůša, Lexikalische Texte I, ur5-ra = ḫubullu, mur-gud = imrû = ballu, Lú-Listen, Teil 1, Wiesbaden, IX–XIII

Münkler 2011: H. Münkler, Alle Kurven weisen auf den ewigen Frieden, in: Frankfurter
    Allgemeine Zeitung vom 18.10.2011

    (https://www.faz.net/aktuell/feuilleton/buecher/rezensionen/sachbuch/steven-pinker-
    gewalt-alle-kurven-weisen-auf-den-ewigen-frieden-11497412.html, 9.4.2019)

Neumann 2004: H. Neumann, Prozeßführung im Edubbaʻa. Zu einigen Aspekten der An-
    eignung juristischer Kenntnisse im Rahmen des Curriculums babylonischer Schreiber-
    ausbildung, in: Zeitschrift für Altorientalische und Biblische Rechtsgeschichte 10, 71–92

Neumann 2005: H. Neumann, Der Beitrag Mesopotamiens zur Rechtsgeschichte – Bürg-
    schaft und Pfand als Mittel der Vertragssicherung, in: H. Barta/T. Mayer-Maly/F. Raber
    (Hg.), Lebend(ig)e Rechtsgeschichte, Beispiele antiker Rechtskulturen: Ägypten, Meso-
    potamien und Griechenland, Wien, 181–204

Neumann 2011: H. Neumann, Bemerkungen zu einigen Aspekten babylonischen Rechts-
    denkens im Spannungsfeld von Theorie und Praxis, in: E. Cancik-Kirschbaum/M. van
    Ess/J. Marzahn (Hg.), Babylon. Wissenskultur in Orient und Okzident, Berlin/Boston,
    159–170

Paulus 2015: S. Paulus, Ordal statt Eid – Das Beweisverfahren in mittelbabylonischer Zeit,
    in: H. Barta/M. Lang/R. Rollinger (Hg.), Prozessrecht und Eid, Recht und Rechtsfindung
    in antiken Kulturen, Teil 1, Wiesbaden, 207–225

Petschow 1965: H. Petschow, Zur Systematik und Gesetzestechnik im Codex Hammurabi,
    in: Zeitschrift für Assyriologie 57 (NF 23), 146–172

Pfeifer 2010: G. Pfeifer, Judizielle Autorität im Gegenlicht: Richter in altbabylonischer Zeit,
    zur Debatte „Richterkulturen" in: forum historiae iuris (online unter http://www.for-
    histiur.de/2010-08-pfeifer/?l=de oder http://www.forhistiur.de/2010-08-pfeifer/?l=en,
    9.4.2019)

Pfeifer 2011: G. Pfeifer, Vom Wissen und Schaffen des Rechts im Alten Orient, in: Rechts-
    geschichte 19, 263–266

Pfeifer 2012: G. Pfeifer, The Character of Ancient Near Eastern Economy: Response to
    Christophe Pébarthe, in: G. Thür u.a. (Hg.), Symposion 2011, Akten der Gesellschaft für
    Griechische und Hellenistische Rechtsgeschichte, Wien, 261–266

Pfeifer 2012a: G. Pfeifer, Gewohnheitsrecht oder Rechtsgewohnheit(en) in altbabylonischer
    Zeit oder Was war die Grundlage des „Codex" Ḫammurabi?, in: Zeitschrift für Altorien-
    talische und Biblische Rechtsgeschichte 18, Wiesbaden, 127–132

Pfeifer 2013: G. Pfeifer, Fortschritt auf Umwegen: Umgehung und Fiktion in Rechtsurkunden des Altertums (Münchener Beiträge zur Papyrusforschung und Antiken Rechtsgeschichte 107. Heft), 2013

Pfeifer 2013a: G. Pfeifer, Konfliktlösungsmechanismen in altvorderasiatischen Staatsverträgen, in: Zeitschrift für Altorientalische und Biblische Rechtsgeschichte 19, 13-21

Pfeifer 2014: G. Pfeifer, Neues aus der Alten Welt (IV). Wirtschaft, Recht und Gerechtigkeit im alten Mesopotamien, in: Merkur 7/2014, Stuttgart, 631–637

Pfeifer 2015: G. Pfeifer, The Legal Framework of a "Marketless" Economy in the Old Babylonian Period with regard to "Sale and Community", in: Éva Jakab (Hg.), Sale and Community. Documents from the Ancient World. Individual's Autonomy and State Interference in the Ancient World (= LDAS V) Triest, 9–28 (online: https://www.openstarts.units.it/bitstream/10077/12063/1/Pfeifer.pdf, 9.4.2019)

Pfeifer 2017: G. Pfeifer, Erst kommt das Recht und dann die Rache, in: Frankfurter Allgemeine Zeitung vom 2.8.2017, 10

Pfeifer 2017a: G. Pfeifer, Der Selbstbürge in der keilschriftlichen Überlieferung, in: U. Babusiaux/P. Nobel/J. Platschek (Hg.), Der Bürge einst und jetzt. Festschrift für Alfons Bürge, Zürich, 89–99

Pfeifer 2018: G. Pfeifer, Das Recht im Kontext normativer Ordnungen im Alten Orient, in: Zeitschrift der Savigny-Stiftung für Rechtsgeschichte. Romanistische Abteilung 135, 1–20

Pfeifer 2019: G. Pfeifer, Coping with Contingency: CBS 4579 – A Middle Babylonian Ordeal, in: G. Thür/S. Avramović/A. Kantančević (Hg.), Law and Magic, Belgrad (im Druck)

Pinker 2011: S. Pinker, The Better Angels of Our Nature: Why Violence Has Declined, New York

Pinker 2018: S. Pinker, Enlightenment Now: The Case for Reason, Science, Humanism, and Progress, London

Ries 1981: G. Ries, Zu Haftung und Rückgriff des Bürgen in altbabylonischer Zeit, in: Zeitschrift für Assyriologie 71 (NF 37), 73–86

Ritter 2004: J. Ritter, Reading Strasbourg 368: A Thrice-Told Tale, in: K. Chemla (Hg.), History of Science, History of Text (Boston Studies in the Philosophy of Science 238), Dordrecht et al., 177–200

Roth 1997: M. T. Roth, Law Collections from Mesopotamia and Asia Minor, 2. Aufl., Atlanta

Ruch 2017: P. Ruch, Ehre und Rache. Eine Gefühlsgeschichte des antiken Rechts, Frankfurt am Main

Sallaberger 2007: W. Sallaberger, Benno Landsbergers „Eigenbegrifflichkeit" in wissenschaftsgeschichtlicher Perspektive, in: C. Wilcke (Hg.), Das geistige Erfassen der Welt im Alten Orient. Sprache, Religion Kultur und Gesellschaft, Wiesbaden, 63–82

Sallaberger 2015: W. Sallaberger, Sumerische und altbabylonische Eidesformeln in lexikalischer und kulturhistorischer Perspektive, in: in: H. Barta/M. Lang/R. Rollinger (Hg.), Prozessrecht und Eid, Recht und Rechtsfindung in antiken Kulturen, Teil 1, Wiesbaden, 179–192

Spada 2018: G. Spada, Sumerian Model Contracts from the Old Babylonian Period in the Hilprecht Collection Jena, Wiesbaden

Thür 2003: G. Thür, Recht im antiken Griechenland, in: U. Manthe (Hg.), Die Rechtskulturen der Antike, München, 191–238

Van Soldt 2003–2005: W. H. van Soldt, Art. „Ordal. A. Mesopotamien", in: Reallexikon der Assyriologie und Vorderasiatischen Archäologie Bd. 10, Berlin/New York, 124–129

Veenhof 2010: K. R. Veenhof, The interpretation of paragraphs t and u of the Code of Hammurabi, in: Ş. Dönmez (Hg.), DUB.SAR É.DUB.BA.A. Studies presented in honour of Veysel Donbaz, Istanbul, 283–294

Von Soden 1936: W. v. Soden, Leistung und Grenze sumerischer und babylonischer Wissenschaft, in: Die Welt als Geschichte 2, 411–464 und 509–557 (Nachdruck Darmstadt 1965)

Weber 1980: M. Weber, Wirtschaft und Gesellschaft. Grundriss der verstehenden Soziologie, 5. Aufl., Tübingen

Westbrook 2003: R. Westbrook, The Character of Ancient Near Eastern Law, in: ders. (Hg.), A History of Ancient Near Eastern Law Vol. I, Leiden/Boston, 1–90

Westbrook 2009, Biblical and Cuneiform Law Codes, in: B. Wells/F. R. Magdalene (Hg.), Law from the Tigris to the Tiber, Vol. 1: The Shared Tradition, Winona Lake, 3–20

Westbrook 2010: R. Westbrook, The Early History of Law: A Theoretical Essay, in: Zeitschrift der Savigny-Stiftung für Rechtsgeschichte. Romanistische Abteilung 127, 1–13

Wilcke 2003: C. Wilcke, Early Ancient Near Eastern Law. A History of its Beginnings. The Early Dynastic and Sargonic Periods, München

Wilcke 2007: C. Wilcke, Das Recht: Grundlage des sozialen und politischen Diskurses im alten Orient, in: ders. (Hg.), Das geistige Erfassen der Welt im alten Orient. Sprache, Religion, Kultur und Gesellschaft, Wiesbaden, 209–244

SITZUNGSBERICHTE

der Wissenschaftlichen Gesellschaft an der Goethe-Universität Frankfurt a.M.

FRANZ STEINER VERLAG STUTTGART

SITZUNGSBERICHTE

der Wissenschaftlichen Gesellschaft an der Goethe-Universität Frankfurt a.M.

SITZUNGSBERICHTE

der Wissenschaftlichen Gesellschaft an der Goethe-Universität Frankfurt a.M.